Dennis Hans Ladener

Das
HANDBUCH
der Welt

Freidenker

1. Auflage
© 2019 Dennis Hans Ladener
(dladener@googlemail.com)

Herstellung und Verlag: BoD – Books on Demand, Norderstedt.

ISBN: 9783748159087

Dennis Hans Ladener geboren am 11.05.1990 in Köln ist ein deutscher **Philosoph** und **Schriftsteller** welcher es Anfang 2015 geschafft hat bereits im jungen Alter von nur 24 Jahren drei Philosophische Sachbücher in Eigenregie auf den Markt zu bringen.

- *„Eine kurze Zusammenfassung des Ganzen"*
- *„Die höhere Erkenntnis: Ein Weg zum besseren Verständnis der Welt"*
- *„Die Datenwelt Theorie"*

Schwerpunkt seiner Arbeiten sowie seines Denkens beruhen hierbei im Kern auf der Philosophie des deutschen Philosophen **Arthur Schopenhauer** *(* 22. Februar 1788 in Danzig; † 21. September 1860 in Frankfurt am Main)* da dessen Hauptwerk **„die Welt als Wille und Vorstellung"** stets die größte Quelle der Inspiration für ihn selbst bereithielt.

„Ich war wohl schon immer ein klein wenig sonderbar und verbrachte bereits in meiner Kindheit viel Zeit damit über die Welt nachzudenken Fantasie, Vorstellungskraft sowie eine stark ausgeprägte natürliche Neugierde waren hierbei stets meine treuesten Begleiter."

„Das Geheimnis dahinter warum ich so geworden bin wie ich bin liegt wohl darin verborgen dass ich es stets vermieden habe ein „erwachsener" zu werden!"

2011 beendete er erfolgreich seine Ausbildung zur Fachkraft für Schutz und Sicherheit von nun an konnte er sich voll und ganz auf sein persönliches Studium der Philosophie konzentrieren.

„Mit 21 Jahren verliebte ich mich endgültig in die Philosophie und schließlich auch in die Gedankenwelt Arthur Schopenhauers."

„Es war ein langer einsamer sowie steiniger Weg doch bereut habe ich es nie ihn gegangen zu sein!"

*Der Antrieb unseres Autors liegt darin komplexe und nur schwer zu verstehende philosophische sowie naturwissenschaftliche Themen so simpel und anschaulich wie möglich der breiten Bevölkerung zugänglich zu machen.

Kein leichtes Unterfangen doch eines welches sich zu versuchen lohnt!

„Der Mensch wird nicht als Homo sapiens geboren, sondern er muss sich den Titel der Weisheit und Vernunft beständig jeden Tag seines Lebens aufs Neue verdienen."

~ Dennis Hans Ladener

Inhaltsverzeichnis

Vorwort

Es gibt eine schier unzählige Anzahl an unterschiedlichen Religionen, sowie Glaubensausrichtungen aller Art unter den Menschen, und folglich auch eine noch viel größere Ansammlung unterschiedlicher Bücher, welche allesamt von sich selbst behaupten, irgendwelches verborgenes, geheimnisvolles, sowie mysteriöses Wissen in sich zu beherbergen.

Nur selten jedoch entspricht dies einem tatsächlichen Wahrheitsgehalt, viel öfters findet man schier endlos mit leeren Worten gestreckte Seiten ohne tatsächlichen Sinn und Gehalt.

Meine Ambition für dieses Handbuch war es daher eine kurze aber effektive Bedienungsanleitung für diese Welt zu

kreieren, damit jeder Mensch sich selbst und
seinen Platz besser zuzuordnen weiß.

Ob mir dies letztendlich gelungen ist, wird jeder
Leser dieses Handbuches für sich selbst
entscheiden müssen.

Einleitung

Die Zeit der Veränderungen ist allgegenwertig und dennoch hält sich das Alte und Bekannte oftmals besser und hartnäckiger im Weltgeschehen fest, als es für die Welt und ihr Geschehen ertragbar ist.

Was bringt es dieser schon, wenn wir uns selbst für die Krönung der göttlichen Schöpfung halten, aber das Göttliche in der Schöpfung selbst nicht mehr erfassen und begreifen können?

Was bringt es ihr, wenn wir zwar viel Zeit und Energie darauf verwenden einem unsichtbaren Gott zu huldigen, aber zeitgleich die für uns deutlich sichtbare Natur mitsamt ihrer umfangreichen Flora und Fauna mit einem noch viel größeren Ehrgeiz mutwillig zerstören?

Was bringt es ihr, wenn wir an einen Gott glauben, welchen wir uns oftmals als alten Mann mit langem weißen Bart und goldenem Stab in der Hand vorstellen, welcher mit schützendem Auge herab auf das Weltgeschehen schaut?

Wäre dieser Welt nicht viel mehr damit geholfen, wenn wir wieder damit beginnen würden, unsere eigene Göttlichkeit in uns selbst und allen anderen Erscheinungsformen zu erblicken?

Wird es für die Menschheit nicht endlich an der Zeit Verantwortung zu übernehmen und neue spirituelle Wege einzuschlagen?

Du willst die Krönung der Schöpfung sein?
Verdiene es dir!....

Kapitel 1

Die Beziehung zwischen Subjekt und Objekt

Die Beziehung zwischen Subjekt und Objekt

Die Mehrheit der Menschheit geht wohl davon aus, dass die Welt auch dann noch in ihrer für uns gewohnten Form weiter bestünde, selbst wenn wir nicht mit dieser auf irgendeiner erdenklichen Art und Weise interagieren.

Doch sage ich dir, es ist eben ein bedeutsamer Fehler zu glauben, dort draußen sei eine einheitliche und unerschütterliche Version der Welt, welche auch für sich selbst betrachtet, ohne das Zutun eines erkennenden Lebewesens, weiter existieren kann.

Ja, die Welt ist sogar ganz und gar abhängig von einem Lebewesen, welche diese wahrnimmt.

Alle Eigenschaften, die wir der Welt zuschreiben, gelangen erst in dem Moment unserer Wahrnehmung in diese, denn ausnahmslos alles, was wir über die uns bekannte Welt wissen und somit sagen können, wurde uns zuvor ausschließlich über unsere Sinnesorgane vermittelt.

Unsere fünf Sinne hören, riechen, schmecken, sehen, sowie tasten vermitteln uns hierbei allerdings zu keinem Zeitpunkt ein original 1:1 Abbild der Welt, sondern stets nur eine geistige Interpretation bzw. ungefähre Vorstellung von einer Welt.

Denn auch wenn oberflächlich betrachtet fast alle uns bekannten Lebewesen über vergleichbare Sinnesorgane verfügen, **Haut, Augen,**

Nase, Ohren, Mund, so bleiben diese dennoch für die jeweilige Spezies individuelle Konstruktionen und in Verbindung mit den unterschiedlich ausgeprägten Gehirnen der Lebewesen entstehen somit die unterschiedlichsten geistigen Variationen / Vorstellungen von einer Welt, wovon jedoch keine als „die Welt" schlechthin definiert werden kann.

Vielmehr ist es so, dass jedem erkennenden Wesen eine eigene ganz persönliche individuelle Version seiner Umwelt offenbart wird. Die jeweilige Darstellung ist hierbei jedoch stets geistiger Natur. Alles was du jemals in deinem Leben erlebt hast, hat nicht außerhalb von dir stattgefunden, sondern wurde vielmehr wie bei einem Projektor von innen nach außen projiziert.

Unsere Sinnesorgane übermitteln uns hierbei zwar die Daten der vermeintlichen Außenwelt, jedoch können sie dies stets nur so tun, wie es ihnen aufgrund ihrer Konstruktion ermöglicht ist dies zu tun. Der Verstand verarbeitet und interpretiert schließlich diese nun bereits schon durch die Sinne verfälschten Daten der Außenwelt, um aus ihnen schlussendlich ein digitales bzw. geistiges Abbild der Welt zu kreieren.

Die von uns wahrgenommene Welt befindet sich somit nur vermeintlich außerhalb von uns. In Wirklichkeit ist es allerdings genau gegenteilig. Die Welt mit all ihren von uns wahrgenommenen spezifischen Eigenschaften entsteht erst durch uns und das, was schließlich wahrgenommen wird befindet sich stets in uns!

Zehn unterschiedlich konstruierte Lebewesen erfahren somit die gleiche Umgebung dennoch auf zehnfach unterschiedliche Art und Weise. Und dies, obwohl sie allesamt die gleichen Daten der Welt zur Verfügung haben.

Solange die Daten der Welt jedoch von keinem Lebewesen wahrgenommen werden, befinden sich diese in einem Schwebezustand. Die Daten spiegeln hierbei ein gewisses Potential wieder, ein Potential, welches stets so lange bestehen bleibt, bis schließlich ein erkennendes Lebewesen mit diesen in Interaktion tritt.

Die Variationen der Welt entstehen somit aufgrund der unterschiedlichen Wechselwirkung zwischen Subjekt und Objekt.
(Das was erkennt. / Das was erkannt wird.)

Auch wenn die Daten der Welt, welche von den unterschiedlichen Lebewesen verarbeitet werden, stets vollkommen identisch übereinstimmend sind, so sorgt die Variable der verschieden konstruierten Gehirne, sowie Sinne, dennoch für die Aufspaltung der Welt in die verschiedensten Erscheinungsformen / Vorstellungen von einer Welt.

Alle Eigenschaften die wir als Spezies Mensch den Objekten der Welt zuschreiben, sind somit nur so lange existent, wie wir diese auch mit unseren spezifischen Sinnesorganen wahrnehmen. Ein Apfel z. B. erhält all seine uns bekannten Eigenschaften, wie Geruch, Geschmack, Farbe und Beschaffenheit der Oberfläche, stets und ausschließlich nur dann,

wenn er auch von uns Menschen wahrgenommen
wird.

Wird der besagte Apfel dagegen von einem
anderen Lebewesen, wie z. B. einem Hund
wahrgenommen, ändert sich dessen
Beschaffenheit schlagartig, denn der Apfel
erscheint dem Hund niemals so, wie er zuvor uns
Menschen erschienen ist, sondern so wie es dem
Hund aufgrund seiner Konstruktion ermöglicht
ist diesen wahrzunehmen.

Wenn der Apfel hingegen von keinem
Lebewesen mehr wahrgenommen wird, verfallen
dessen Daten, und somit auch deren
Eigenschaften wieder zurück in ihren
ursprünglichen Schwebezustand, oder anders
formuliert zurück in den Zustand, der schier

unendlichen Möglichkeiten, widergespiegelt durch das Potential der variablen Wahrnehmung identischer Daten.

Der Beobachter und dessen wahrgenommene Umwelt gehen dementsprechend eine beständig andauernde gegenseitige Wechselwirkung miteinander ein.

Ohne Subjekt kein Objekt und ohne Objekt kein Subjekt!

Die uns gewohnte materialisierte Darstellung einer Welt kann folglich stets nur im Moment ihrer geistigen Wahrnehmung entstehen und bestehen!

Kapitel 2

Wer oder was ist Gott?

Wer oder was ist Gott?

Dadurch, das es bereits etwas Seiendes gibt, müssen wir davon ausgehen, dass es das sogenannte Nichts in seiner reinsten Form überhaupt nicht geben kann, denn wäre dieser Zustand zuvor tatsächlich jemals eingetreten, so könnte das heutige Existierende logischerweise überhaupt nicht sein. Folglich muss es also schon immer etwas Ursprüngliches gegeben haben, etwas Unerschaffenes und bereits schon immer da gewesene! Mit einem Wort Gott.

Den größten Fehler, welchen du nun allerdings begehen kannst, ist zu glauben, das dieser Gott ein bewusst planendes und agierendes gütiges Wesen ist, welches mit schützendem Auge auf das Weltgeschehen herabschaut. Nein, bei diesem Gott handelt es sich nicht um einen allwissenden Mann mit langem weißem Bart, sondern vielmehr um ein schöpferisches Prinzip. Eine Kraft gleich einem Reflex; eine Kraft die nichts vermag, außer sich aus sich selbst heraus hervorzubringen.

Das gesamte Universum mitsamt unseres Planeten und unserer umfangreichen Natur sind hierbei die manifestierten Objektivationen eben genau dieser schöpferischen ursprünglichen Kraft.

Die gesamte Welt inklusive dir und mir sind das Spiegelbild ein und desselben identischen Gottes, denn Gott ist viel zu gewaltig, um nur eines sein zu können. Zumal die Aufspaltung hinüber in die Vielheit wesentlich mehr Möglichkeiten der eigenen Entfaltung bietet, als die vollkommene Einheit.

Denn auch wenn diese zwar einer perfekten Ordnung gleicht, so liegen in der Unordnung oder im Chaos, wenn man denn so möchte, noch viel umfangreicherer Möglichkeiten verborgen.

Es gibt z. B. stets nur eine einzige perfekte Ordnung eines Kartenspiels, doch jedes Mal, wenn man ein gut gemischtes Kartenspiel in die Hand nimmt, kann man davon ausgehen eine neue beliebige Reihenfolge von Karten in der Hand zu halten, eine zwar chaotische aber dafür einzigartige Zusammensetzung von Spielkarten, die es so bislang zuvor noch nicht gegeben hat.

Genauso verhält es sich nun auch mit Gott, dieser schöpferischen Kraft, welche sich in den unterschiedlichsten Erscheinungsformen / Variationen ihrer selbst bewusst wird.

Die Einheit Gottes verläuft in unsagbar viele Einzelerscheinungen (Spielfiguren) objektiviert als Stein, Pflanze, Tier, Mensch und noch so vielem mehr. Jedes Lebewesen, welches diese Welt erblickt, ist somit in Wirklichkeit nichts anderes als Gott, welcher unbewusst sein eigenes Spiegelbild betrachtet.

Ein endloses göttliches Spiel der beständig wechselnden Erscheinungsformen seiner selbst mit sich selbst.

Dadurch, dass Gott als erstes unerschaffenes, sowie ursprüngliches Prinzip angesehen werden muss, müssen wir auch gleichzeitig davon ausgehen, das es zu keinem Zeitpunkt jemals etwas anderes als eben Gott gegeben haben kann.

Denn ähnlich wie mit Knetmasse, welche zwar auch die unterschiedlichsten Erscheinungen / Formen annehmen kann, aber dennoch stets aus derselben identischen Substanz besteht, verhält es sich nun auch mit Gott, welcher, obwohl in seinen äußeren Erscheinungsformen verschieden, dennoch auf ewig Gott bleiben wird.

Alles was Gott jemals geschaffen hat, musste er aufgrund des Dilemmas, das außer ihm selbst überhaupt nichts Weiteres existiert, somit stets aus sich selbst heraus hervorbringen.
Die Misere Gottes liegt dementsprechend in seiner alleinigen Existenz verborgen.

Es gab nur Gott, gibt nur Gott, und wird stets nur Gott geben, lediglich dessen objektivierte

Erscheinungen wandeln sich und wirken verschieden.

Kapitel 3

Gibt es einen Sinn des Lebens?

Gibt es einen Sinn des Lebens?

Die schöpferische Kraft namens Gott möchte egal ob bewusst oder unbewusst stets nur das eine,...
...sie will sich selbst spüren, erfahren und verstehen. Damit ihr dies gelingt, ist jedoch eine schier unzählbare Anzahl an unterschiedlichen Variationen ihrer selbst von Nöten.

Genau aus diesem Grund entfaltet sich die Einheit hinüber in die Vielheit.

Jedes Lebewesen folgt einer Art spezifisch vorprogrammierten Abfolge von unterschiedlichsten Verhaltensmustern.

Eine Spinne z.B. muss genau so wenig lernen ihr Netz zu spinnen, wie ein Vogel, welcher zum ersten Mal sein Nest konstruiert.

Anhand dieser beider Tiere lässt sich sehr schön erkennen, dass sie einer anscheinend bereits zuvor schon abgespeicherten Programmierung folgen.

Die Spinne konstruiert ihr Netz, wartet auf Beute, repariert, pflegt und erneuert ihr Netz, um schließlich wieder aufs Neue auf ihre Beute zu lauern. Ein zwar sehr simpler, aber dennoch effektiver endloser Kreislauf, welcher bis zu ihrem Tod ihr Dasein bestimmen wird.

Mich persönlich erinnert dies stets an ein kleines nett geschriebenes Programm, welches allerdings sehr eingeschränkt ist, was die eigene Möglichkeit der Weiterentwicklung, sowie der Abweichung vorprogrammierter Normen betrifft.

Im Grunde, ist doch jedes Lebewesen darauf bedacht, sich selbst zu erhalten und zu vermehren. Sie versuchen Schmerz zu vermeiden und positive Zustände zu generieren, sowie aufrecht zu erhalten.

Sie wollen ihren Nachwuchs beschützen, suchen Wasser, Nahrung und einen sicheren Ort zum Schlafen.

Über diesen Grundbedürfnissen hinaus liegt der Sinn des Lebens wohl darin verborgen, dem eigenen Leben einen eigenen ganz persönlichen Sinn zu verleihen.

Oder aber wie ich es persönlich bevorzuge...

...der Sinn des Lebens...

... ist bereits das Leben selbst.

Denn hauptsächlich geht es wohl eher um die Erfahrungen, welches selbiges mit sich bringt.

Diese Welt dient der absoluten Selbsterkenntnis einer göttlichen schöpferischen Kraft, somit dient das Leben in dieser ebenfalls mit dazu bei, um die Erfahrungen zu sammeln, welche für eine allumfassende Selbsterkenntnis benötigt werden.

Kapitel 4

Warum bedeutet leben leiden?

Warum bedeutet leben leiden?

Das Besondere am Menschen ist, das er sowohl Subjekt als auch Objekt zugleich ist, was bedeutet, das unser Körper zwar ein Objekt unter Objekten darstellt, wir wiederum aber auch gleichzeitig das Subjekt sind und somit das was wahrnimmt.

Unser eigener Körper ist somit das einzige Objekt unter allen Objekten, zudem wir aufgrund unserer Doppelnatur eine direkte Innenperspektive erfahren können.

Und was erfahren wir nun, wenn wir damit beginnen unser eigenes Gefäß von innen zu betrachten?...

...Wir erfahren "das Wollen" in all seinen unvorstellbaren zahlreichen Variationen, Perversionen, sowie Ausprägungen.

Das Leben beherbergt das Wollen, und somit bereits von Anbeginn auch das Leiden in sich, so wie die Wolke den Regen trägt.

Denn überhaupt erst dadurch, das wir beständig vom Wollen angetrieben und beherrscht werden, leiden wir ja überhaupt erst.

Entweder wollen wir etwas,
oder wir wollen etwas nicht.
Aber allesamt wollen wir.

Und das jeden Tag aufs Neue.

Doch auch in der Pflanzenwelt und dem gesamten Tierreich schaut dieser Umstand vollkommen gleich aus, lediglich die Ausprägungsgrade des Wollens sind aufgrund der unterschiedlichen Stufen der Komplexität der einzelnen Individuen unterschiedlich stark ausgeprägt.

Die Pflanze gehört zu der niederen Stufe und will sich erhalten, verbreiten und wachsen.

Das Tier wiederum will sich selbst erhalten, positive Zustände erzeugen und negative verhindern.

Es will sich paaren und Nachwuchs zeugen, es will saufen, fressen und spielen.
Es will Sicherheit, Geborgenheit und Liebe.

Der Mensch wiederum ist aufgrund seiner enorm hohen Komplexität dazu verdammt, zugleich auch den höchsten uns bis dato bekannten Grad des Wollens erhalten zu haben und leidet somit logischerweise auch am Meisten.

Es dauert nicht mehr lange, schon sehr bald, werden bereits 8 Milliarden Menschen auf diesem Erdball herumturnen, und sich gegenseitig bei der Erfüllung ihrer Träume, Wünsche und Sehnsüchte missbrauchen oder in die Quere kommen.

So unglaublich viele unterschiedliche Gehirne, zig Milliarden, allesamt angetrieben vom vielseitigen variablen Drang des beständigen Wollens.

Kein Wunder also, das sich das Leben in dieser Welt beständig gegenseitig in die Quere zu kommen scheint, es kann eben aufgrund der gegebenen Umstände einfach nicht anders.

Kapitel 5

Besitzt der Mensch einen freien Willen?

Besitzt der Mensch einen freien Willen?

Solange es zweier Komponenten bedarf,
Gehirn sowie Bewusstsein,
wird eines davon beständig aktiver und das andere
stets passiver Natur sein.

Während das eine stets „**erlebt**", und somit
ausschließlich „**passiv**" fungiert, sorgt das andere
wiederum dafür, das es auch beständig etwas neues
zum Erleben gibt.

Denn wie der Begriff „**Bewusstsein**", also
„**bewusst**" und „**sein**" eventuell auch bereits schon
vermuten lassen könnte, wird sich dieses nämlich
ausschließlich den Dingen bewusst und ist somit
stets „**passiver Natur**".

Das Gehirn wiederum, welches schaltet, verwaltet und erzeugt, ist folglich die *„aktive Komponente"* dieser Dualität.

Doch auch, wenn beide Komponenten durch eine Art „ *Symbiose"* miteinander *„verschränkt"* zu sein scheinen **(Sender / Empfänger)**, bleibt dennoch jeder Schuster bei seinen eigenen Leisten.

Was bedeuten soll, das Gehirn leistet die Arbeit und das Bewusstsein hat das Vergnügen, oder aber auch eben nicht, je nachdem wie unterhaltsam das aktuelle Programm namens Leben gerade zu sein scheint.

„Der Mensch kann somit stets tun was er will, aber er kann niemals bewusst und kontrolliert entscheiden, was er denn nun überhaupt will!"

Das Bewusstsein erlebt beständig Gedanken, Gefühle, sowie Handlungen, und eben genau dadurch, dass es diese „erlebt", entsteht eine „Identifizierung" des Erlebten.

Genau in diesem Moment beginnt diese geniale Täuschung, damit ihren bahnbrechenden Effekt voll zu entfalten.

Weil das Bewusstsein beständig mit Gedanken, Handlungen und Gefühlen überflutet wird, entsteht eine fast konstant durchgehende Identifizierung, und somit auch eine permanente Anhaftung an das Erlebte.

Bereits Buddha erklärte jedoch in seiner Lehre, dass zwar Handlungen, Gedanken, sowie Gefühle geschehen, diese aber von niemandem bewusst getan, erdacht oder kontrolliert werden.

„Handlungen geschehen doch es gibt keinen Handelnden."
~ Buddha

Der deutsche Philosoph Arthur Schopenhauer beschrieb diesen Umstand mit folgenden Satz:

"Der Mensch kann nicht wollen was er will." bzw. Der Mensch kann tun was er will, aber nicht entscheiden was er will!

Leben bedeutet lediglich ein Leben zu „erleben"!

Solange das Bewusstsein durch eine Art Symbiose mit dem Hirn des Menschen verknüpft ist, wird dieses all das erleben können, was dessen Wirtskörper erfährt.

Das Bewusstsein erlebt somit ein gesamtes Leben, mitsamt den gesamten dazugehörigen Erfahrungen, welche damit verbunden sind. **„Jedoch ohne dabei selbst jemals etwas aktiv geleistet zu haben.“**

Diese permanente Stimme in deinem Kopf, für welche du selbst dich hältst, jeder einzelne Gedanke, jedes Gespräch oder Selbstgespräch, jede Handlung und alle Gefühle, welche du bis zum heutigen Tage erfahren hast, und mit dir selbst und deinem „ich" aufgrund der Identifizierung in Zusammenhang gebracht hast,

wurden von dir in Wirklichkeit lediglich aus der Beobachterperspektive des Bewusstseins erlebt, und somit lediglich erfahren.

Der Film des Lebens... Deines Lebens!

Kapitel 6

Existiert ein Weg zur Erlösung?

Existiert ein Weg zur Erlösung?

Dadurch, das wir alle vom Drang des kontinuierlichen Wollens malträtiert werden, und der freie Wille sich darauf zu beschränken scheint, das wir zwar stets das tun können was wir wollen, aber niemals entscheiden können was wir denn nun wollen, wäre es wohl am Ratsamsten, dem Drang dieses Wollens entgegenzuwirken, indem man lernt diesen zunächst kontrolliert zu zügeln, und am Ende gar das Wesen des Wollen selbst zu verneinen und umzukehren.

Wenn der beständige und nie endgültig zu befriedigende dauerhafte Drang des Wollens das Problem des menschlichen Leidens beinhaltet, muss es unsere Hauptaufgabe werden, diesen unangenehmen Umstand in kontrollierte Bahnen zu manövrieren.

Dieser Aspekt kann nun genauso gut problemlos auf unsere Gedanken und Gefühle übertragen werden. Solange ich mich jedes Mal aufs Neue, z. B. sofort mit dem Gefühl der Wut identifizieren, sobald auch nur ein Hauch davon in das Bewusstsein emporsteigt, habe ich das Spiel bereits verloren, falle auf die Täuschung herein und gehe nun wie ein Idiot davon aus,...

...ich bin wütend,
anstatt richtigerweise zu dem Entschluss zu kommen,...
...oh was ist das denn?

Ich erlebe oder erfahre ja lediglich diese Wut!

Wow, und das geht ja mit etwas Mühe sogar ganz ohne Anhaftung an diese.

Es liegt also letztendlich an jedem selbst, ob man sich nun dieser Welt der zahlreichen Täuschungen vollkommen hingeben möchte, und somit jeder Gedanke, jedes Gefühl, sowie alle Handlungen ihren unkontrollierten natürlichen freien Lauf nehmen.

Oder aber, ob man damit beginnt sich mit sich selbst und der eigenen Funktionsweise auseinander zu setzen, um zumindest schon einmal zu erkennen, wo die wahren Zügel verborgen liegen, und auf welche Art und Weise sie in etwa zu funktionieren scheinen.

Setz dich an einen ruhigen Ort, schließe deine Augen und lerne dein eigenes inneres Treiben ohne sofortige Anhaftung „**neutral**" zu beobachten.

Erkenne, das dieser ständig andauernde innerliche Dialog, welchen du bis dato für dein eigenes ich gehalten hast, in Wirklichkeit nicht dein wahres selbst darstellt.

Dein ich ist lediglich ein Netz aus unterschiedlichsten Informationen, Erfahrungen, sowie Prägungen, welche sich im Laufe der Jahre deiner Entwicklung um den Magneten, welcher deinen Namen darstellt, herum gebildet haben und in ihrer Gesamtheit, ein künstliches einheitliches Gefühl eines ich´s erzeugen.

„Genau dieses künstliche ich ist es mit welchem du dich als Bewusstsein fälschlicherweise gleich setzt.“

Du musst lernen damit zu beginnen Gedanken ohne Anhaftung wahrzunehmen und sie dann aber auf Wunsch auch wieder weiter ziehen zu lassen.

Du darfst dich nicht länger von jeglichen Gefühlen beherrschen und kontrollieren lassen, sondern du musst erkennen, dass sie dir förmlich aufgezwungen werden.

„Du bist erst dann wirklich wütend, wenn du tatsächlich davon überzeugt bist wütend zu sein!"

Kapitel 7

Bedeutet der Tod das endgültige Ende?

Bedeutet der Tod das endgültige Ende?

In dieser Welt bedeutet der Tod lediglich die Wandlung des einen hinüber in das andere, das alte muss beständig weichen, damit neuen Figuren ermöglicht wird ihren Platz auf der Bühne des Lebens antreten zu können.

Gottes für sich selbst gestaltete Theaterbühne, welche wir als Welt oder Weltall bezeichnen, muss sich beständig wandeln, zerstören, sowie erneuern, damit diese zur Gänze ihren Sinn und Zweck erfüllen kann.
Die bestmögliche facettenreiche gleichzeitige Selbsterfahrung des einen und einzigen Gottes.

Gott hat nämlich nichts davon, wenn er sich zwar zunächst in verschiedenen Lebewesen inkarniert, aber dann für alle Zeit seine Erfahrungen allein auf selbige reduzieren, beschränken, sowie eingrenzen muss.

Ein solch allumfassendes unvergleichliches Wesen wie Gott, kann wohl auch niemals ein endgültiges Stadium erreichen, wo es sich zur Gänze verstanden hat.

Ihr Wandel und der damit eingehende Variantenreichtum ihrer Erscheinungsformen scheint gar schier unendlich zu sein.

Gott nutzt sich selbst gleich einer Knetmasse, welche auf ewig immer und immer wieder ihre Erscheinungsformen wandelt, aber stets aus ein und derselben Substanz besteht.

Doch selbst, wenn dies bedeuten möge, das unser persönliches Ich nach dem Tode tatsächlich verloren ginge, so sollte es vielleicht dennoch für jeden von uns ein recht tröstlicher Gedanke sein, das wir alle auf die eine oder andere Art und Weise doch wieder den Weg zurück in diese Welt finden.

„Nur diesmal in einer anderen Gestalt und ohne Erinnerung an das vorherige Dasein."

Vielen von uns jagt aber eben genau dieser eine Gedanke, die größte Angst und Sorge ein.

Dabei vergessen die meisten aber wohl, dass bereits ein unglaublich langer Zeitraum vor ihrer Geburt stattgefunden hat, zumindest habe ich bis jetzt noch niemanden getroffen, welcher mit mir voller Sorge über die Zeit vor seiner Geburt sprach, aber fast alle Menschen sind entsetzt oder gar erbost darüber, das nach ihrem Tode ein weiterer Zeitraum ohne sie stattfinden soll.

Um dem ganzen etwas entgegen zu wirken, könnten wir uns aber auch natürlich die Frage stellen, was wohl mit den ganzen Erfahrungen, Erinnerungen, oder besser gesagt Informationen geschieht, welches jedes Lebewesen im Laufe seiner Existenz erfährt und abspeichert.

Ich halte es daher für durchaus realistisch, das besagte Informationen, auf irgendeiner erdenklichen Art und Weise, weiterhin

Fortbestehen und somit bewahrt und erhalten bleiben.

Warum auch sollte Gott, all diese wertvollen Erfahrungen, Erlebnisse, sowie Selbsterkenntnisse seiner selbst, so einfach verloren gehen lassen?

Auch wenn seine ganzen Erscheinungen etwas makaber als Einwegprodukte bezeichnet werden könnten, so kommt es aber doch wie bei einer Kamera dieser Machart, ganz darauf an den eingelegten Film und somit die an die Fotos geknüpften Erinnerungen zu erhalten.

Eventuell also mag es möglich sein, das die ganzen Informationen, welche im gesamten unser eigenes sogenanntes ich ausmachten, weiterhin

Fortbestehen oder gar in einer Art Recyclingprozess aufs Neue wiederverwertet werden.

Zumindest könnte man sich somit auch erklären, weshalb es genügend Berichte über Menschen gibt, welche sich manche mehr manche weniger an ein vorheriges Leben oder zumindest gewisse Orte und Plätze erinnern konnten.

Oder wie es möglich sein kann, dass ein paar wenige Kinder bereits in sehr jungen Jahren, Fähigkeiten besitzen, wofür ein Jugendlicher bzw. Erwachsener zunächst sehr viele Monate und Jahre Übung und Talent benötigten würde.

Es scheint also durchaus möglich zu sein, das so etwas wie ein kosmisches Gedächtnis, wo alle jemals gesammelten Informationen sicher verwahrt sind, tatsächlich existiert, und ein paar wenige Menschen scheinen auf eine besondere und spezielle Art darauf zugreifen zu können.

Noch spezifischer betrachtet kommen wir an den Punkt, wo uns erneut klar werden muss, dass unser wahres Wesen das ist, was zwar alles erfährt, aber selbst nie etwas tut.
„Das Bewusstsein."

Dadurch, das wir solange dieser Körper lebt, sowieso stets nur das erleben, was der Körper erlebt und das eigene ich stets nur mit der Identifizierung des erlebten entsteht und besteht, kann man sich auch schließlich dahingehend beruhigen, indem man erkennt, das dieses Bewusstsein nicht mit dem Tode des Körpers verloren geht, sondern lediglich die Verbindung zwischen Bewusstsein und Hirn getrennt wurde.

„Das Bewusstsein geht dadurch jedoch selbstredend nicht verloren."

Auch diesbezüglich gibt es bereits genügend ausführlich dokumentierte Vorfälle, insbesondere bei Komapatienten Nahtoderfahrungen, sehr traumatisierenden Erlebnissen und den Luziden träumen (Klartraum).

Welche allesamt darauf hindeuten, dass das Bewusstsein auch unabhängig vom Körper weiterhin seine Funktion beibehält, und eine zwar

eingeschränkte, aber dennoch fortbestehende
Interaktion ermöglicht bleibt.

Kapitel 8

Gut oder böse, welchen Weg soll ich gehen?

Gut oder böse, welchen Weg soll ich gehen?

Gott unterscheidet zunächst nicht zwischen Gut und Böse, ihm geht es allein um die Erfahrung, welche jede Handlung automatisch mit sich bringt.

Bei einem Mord ist Gott z.B. Mörder, sowie Ermordeter zugleich, somit erfährt er sich auch zeitgleich sowohl als Täter als auch Opfer. Schließlich ist diese uns bekannte Welt genau für solche Zwecke entstanden.

Die gesamte Natur zeigt uns hierbei, wie grausam diese Erfahrungen sein können, welches ein Tier ertragen muss, wenn das eine das andere bei noch lebendigem Leibe bereits anfängt zu verspeisen.

Doch auch hier geht es wieder um die beidseitige, gleichzeitige Erfahrung des fressen und gefressen werden. Es gibt eine schier unzählige Anzahl an Perversionen, welche Gott dienlich sein können, um sich selbst beständig mehr zu verstehen, sowie konstant zu spüren.

Der Mensch jedoch, welcher sich in seinem eigenen Größenwahn, selbst mit dem Titel des Homo sapiens gekrönt hat, wird nicht als solches geboren, sondern er muss sich den Status des weisen, klugen, sowie vernunftbegabten Menschen beständig jeden Tag seines Lebens aufs Neue verdienen.

Es liegt also nun an jedem Menschen selbst, ob er sich dem schlechten hingibt und somit schließlich den Titel des Homo sapiens aberkannt bekommt, oder aber ob er sich dem langen einsamen sowie steinigen Weg der Weisheit und Vernunft stellt und verpflichtet, um schließlich zum wahren Menschen zu avancieren.

Doch mit der Berufung auf Weisheit und Vernunft folgt auch eine tagtägliche schwere, kaum einzuhaltende Bürde, welche einiges an Verzicht und starken Nerven abverlangt.

Unüberlegte impulsive Handlungen,
das sich hingeben und verlieren in Menschen
oder materiellen Besitz, sowie Reichtümern,
der Drang nach Macht, Status, sowie
Anerkennung, Ungeduld, Zorn, Wut und
Aggression, Süchte und Triebe.

Dies alles sind Eigenschaften, welche sich in keinster Weise mit Begriffen wie Weisheit, Vernunft oder Intelligenz vereinbaren lassen können.

Kapitel 9

Die 13 essenziellen Erkenntnisse

DIE 13 ESSENZIELLEN ERKENNTNISSE

1. DIESE WELT DIENT EINEM GÖTTLICHEN SPIEL DER SELBSTERKENNTNIS.

2. DU BIST GOTT.

3. ALLES IST GOTT.

4. ES EXISTIERT KEINE EINHEITLICHE VERSION DER WELT, SONDERN STETS NUR EINE PERSÖNLICHE INTERPRETATION VON EINER WELT.

5. DU BIST NICHT DER DENKER DER GEDANKEN, DU ERLEBST GEDANKEN.

6. DU BIST NICHT DER ERZEUGER VON GEFÜHLEN, DU ERLEBST GEFÜHLE.

7. DER MENSCH KANN TUN WAS ER WILL, ABER NICHT ENTSCHEIDEN WAS ER WILL.

8. DAS ICH IST EINE ILLUSION.

9. LEBEN BEDEUTET EIN LEBEN ERLEBEN.

10. ES GIBT WEDER GUT NOCH BÖSE.

11. ES GIBT WEDER RICHTIG NOCH FALSCH.

12. AUSNAHMSLOS ALLES, DIENT AUSSCHLIEßLICH DER SELBSTERFAHRUNG GOTTES.

13. DER TOD IST EINE ILLUSION.

Schlusswort

Ich hoffe, es ist mir erfolgreich gelungen, eine neuartige erfrischende Variante der heutigen Religionen spannend und verständlich dazulegen.

Der menschliche Geist sollte niemals darauf begrenzt sein, das Wissen dieser Welt aus nur einem einzigen Buch zu beziehen.

Drum halte auch weiterhin Ausschau, sowohl nach links als auch nach rechts, und lasse dich niemals begrenzen, was deine eigene persönliche geistige Weiterentwicklung betrifft.

In ewiger Verbundenheit zur Wahrheit verbleibe ich Dennis Hans Ladener.

Ladener

Danksagungen

Besonderer Dank gilt meiner Lebensgefährtin Yvonne, welche mir nach meiner Scheidung und dem Tod meiner Mutter, durch eine sehr schwere Zeit verholfen hat. Zudem war sie es, welche dieses Buch als erste gelesen und gemeinsam mit mir auf Fehler korrigiert hat.

Danke auch an meinen besten Freund Daniel, welcher bereits seit über 10 Jahren treu an meiner Seite ist und mich bei allen Dingen stets unterstützte, wo es nur ging.

Als letztes möchte ich von ganzem Herzen meinem Opa Hans Johann danken. Du warst stets wie ein Opa und Vater zugleich für mich. Ohne dich wäre ich niemals zu dem geworden, der in nun bin.

Bonuskapitel

MitGEFÜHL

„Der Wahn des Egoismus ist durch das MitGEFÜHL auflösbar."

„Indem ich mit anderen mitempfinde und ihr Leid so zugleich zu meinem eigenen mache, wird das Leid des anderen mich dazu bewegen ihm zu helfen."

*Durch diesen Tatendrang wird das Problem von, **ich bin nicht du**, für einen sehr kurzen, aber ausreichenden Moment aufgehoben.*

*Doch Vorsicht ist geboten. Denn **„wahres MitGEFÜHL"** ist nur dann wirklich gegeben, wenn die daraus resultierenden Taten **<u>frei von jeglichem Lob und / oder Belohnungsgedanken sind.</u>***

*Die einzigartige Macht des MitGEFÜHLS erfolgt durch das **„hineinversetzen"** in die Situation des jeweils anderen Lebewesens.*
Hierbei ist egal, ob Pflanze, Tier oder Mensch.

Für den wahrhaft MitFÜHLENDEN ist das Leid der anderen gleichwohl auch das eigene Leid.
*Wer von MitGEFÜHL erfüllt ist, **der wird niemanden***

mehr wehtun können, nachsichtig sein, verzeihen und helfen, wo er es nur kann.

*„Ein mitFÜHLENDER Mensch **erkennt fremdes Leid stets als sein eigenes an, weil er sich in allen Lebewesen selbst erkannt hat und auf diesem Weg mit ihnen Eins wird.“***

*Wenn man anderen Menschen begegnet, sollte man sich nicht irgendwelchen Vorurteilen hingeben, sondern **ihren „Schmerz" und ihr „Leid", sowie ihre „Ängste" und „Nöte" erkennen.***

*Dadurch wird man nicht nur das Negative in ihnen wahrnehmen, **sondern „man spiegelt sich selbst in ihnen wieder und erkennt durch das MitGEFÜHL, dass eigene so vertraute Wesen auch in jedem Anderem wieder.“***

„Im MitFÜHLEN treten die Sorgen um das eigene Dasein an die Stelle alles Lebendigem.“

*„Der Mensch hat die Fähigkeit, MitGEFÜHL mit anderen Lebewesen zu empfinden. Daher sollte es ihm theoretisch möglich sein, das eigene Wesen auch in allem Anderem zu erblicken **und demensprechend folgerichtig zu handeln.“***

Also worauf wartest du noch?

Weitere Bücher des Autors

Eine kurze Zusammenfassung des Ganzen
1.   Auflage 2014

ISBN-10: 3735785689
ISBN-13: 978-3735785688

Die höhere Erkenntnis
Ein Weg zum besseren Verständnis der Welt
1.   Auflage 2014

ISBN-10: 9783735788689
ISBN-13: 978-3735788689

Die Datenwelt Theorie
1.   Auflage 2015

ISBN-10: 3734750946
ISBN-13: 978-3734750946

Reset
Der Anfang einer Neuen Welt
1.   Auflage 2018

ISBN-10: 3748185324
ISBN-13: 978-3748185321

Notizen

Notizen

Notizen